# MÉMOIRE

DE

# M<sup>ME</sup> V<sup>VE</sup> IMBERT

# SIÈGE DE METZ

# MÉMOIRE DE M^me V^ve IMBERT

ÉMISSAIRE DURANT LE SIÈGE

**1870**

*Témoin entendu au Procès Bazaine*

PAR

M^me V^e IMBERT

TOURS
IMPRIMERIE ROUILLÉ-LADEVÈZE, RUE CHAUDE

1879

# AVANT-PROPOS

## AVANT-PROPOS

Lecteurs et Lectrices,

Sensible aux marques d'intérêt et de sympathie que vous me faites l'honneur de me témoigner, j'ai pensé être agréable à tous en écrivant, naïvement et sans fard, les souvenirs encore présents à ma mémoire des tristes événements dans lesquels je me suis trouvée actrice ou spectatrice, selon les circonstances.

Je joins, à la fin de ce recueil, les copies des certificats attestant que le rôle que j'ai joué, dans ces moments critiques, ne m'a été dicté que par un sentiment de patriotisme et de dévouement.

Je vais donc commencer mon récit en implorant l'indulgence de mes lecteurs; n'ayant aucune prétention littéraire, je serais heureuse que l'on ne considérât cet écrit que comme une simple narration de faits qui n'émanent d'autres sources que celles de la vérité. J'espère aussi attirer le bon exemple pour l'avenir, tel que le devoir nous l'impose à tous dans la mesure de nos moyens.

# MÉMOIRE

Au mois de juillet 1870, les bruits successifs de l'approche de l'ennemi sur notre territoire se répandirent dans la ville de Metz, et vinrent jeter la consternation parmi les habitants de cette paisible cité. Les communications devenaient de plus en plus difficiles et, par cette même raison, les nouvelles ne parvenaient qu'à de rares intervalles. Tous les hommes valides étant enrôlés, il ne restait plus que les vieillards ou les infirmes, les femmes et les enfants. Il était donc urgent de chercher parmi ceux qui restaient, des femmes de bonne volonté qui voulussent bien se dévouer pour la cause nationale.

On proposa de fortes rétributions pour faire le

service délicat et dangereux d'émissaire; car on n'ignorait pas que si, le cas échéant, les porteurs de messages tombaient dans les embuscades ennemies, ils jouaient leur vie s'ils refusaient de fournir les renseignements que MM. les Prussiens arrachaient à ces pauvres victimes par les menaces ou la violence.

Aussi, je réfléchis longtemps avant d'offrir mes services, car je ne voulais me sacrifier qu'avec la certitude d'être utile à mon pays.

Cette considération me détermina à me tracer une ligne de conduite, qui me mit à l'abri des soupçons et des conjectures qui pouvaient naître dans l'esprit de ceux qui auraient pu compromettre le succès de mon entreprise, soit par indiscrétion ou toutes autres imprudences.

Aussi, pour mettre à exécution mon plan et me familiariser avec les fatigues et les privations, je fis l'acquisition d'un costume de cavalier, et je pris des leçons d'équitation pendant quelque temps, en m'éloignant chaque jour un peu plus de la ville, afin d'observer attentivement toutes les routes et les bois, me pénétrant bien de la topographie des environs, afin d'échapper à mes ennemis en cas de poursuite.

Dès que je fus suffisamment instruite des indications qui m'étaient nécessaires, je commençai ma première excursion, par une promenade nocturne, épiant tous les bruits, et cherchant à distinguer les manœuvres des espions les plus hardis qui s'aventuraient le plus près de nos forteresses.

Le 9 août, de retour d'une promenade, je retrouve la population de Metz en émoi, une terreur panique est peinte sur tous les visages. On dit que les Prussiens ne sont plus qu'à 6 ou 7 kilomètres de la ville. Sans m'arrêter plus longtemps à ces commentaires, j'enfourche ma jument et je m'élance sur la grande route jusqu'à une distance de 10 à 12 kilomètres.

Arrivée sur un plateau qui domine toute la campagne à une très grande distance, je braque ma longue-vue, et j'explore tous les environs. Après m'être rendu compte de la fausseté des bruits, lesquels à mon avis n'avaient été colportés que par des agents prussiens, je repars à toute vitesse et me rends aussitôt à la Place. Je fais savoir au maréchal Bazaine, que seule, et de mon initiative, je venais d'éclaircir un doute qui planait encore sur la véracité des déclarations qu'il avait reçues le même jour de sources douteuses.

Je fus aussitôt mandée par les officiers supérieurs qui, après de nombreuses questions relatives aux lieux que je venais de parcourir, aux incidents et détails qui les intéressaient, ne doutèrent plus un seul instant de l'exactitude de mes observations.

L'un de ces officiers se détacha du groupe et s'adressant à moi-même, me reprocha gracieusement ma modestie, de n'avoir pas plus tôt fait connaître l'énergique résolution, le courage et le dévouement que je mettais avec tant de cœur au service de mon cher et bien-aimé pays ; ensuite il me pria de continuer l'œuvre que j'avais commencée, en appuyant fortement sur ces mots : « nous vous payerons ce qu'il faudra. »

Je ne pus réprimer un serrement de cœur, je sentis le rouge me monter au visage, car cet officier, involontairement peut-être, venait de me blesser cruellement; il parlait de me donner de l'argent pour prix de mes services, à moi, qui abandonnais un établissement, ma fortune sans regret, à moi, qui faisais abnégation de tout ce que j'avais de plus cher au monde, en confiant mon enfant adoptive à la garde des étrangers, et tout cela, par patriotisme pour le salut du pays.

On venait me proposer un marché, mon cœur se révoltait à la pensée de prostituer le dévouement et le devoir. Quand la patrie est en danger, tous, sans distinction de sexe, nous devons dans la mesure de nos moyens, concourir à l'affranchissement du joug de l'ennemi. Ce motif me fit refuser toutes rétributions, et je déclarai hautement que tant que Dieu me conserverait la force et l'énergie, je lutterais contre la faim, les fatigues et les privations, et que maintenant je me mettais à la disposition des autorités militaires pour le salut du pays.

Dès ce moment, je commençai à me mettre en campagne. Le matin du 10 août, je fus demandée à l'état-major, où je reçus des instructions et des ordres que je devais soumettre aux autorités du pays où je me rendais. Aussitôt, ayant compris ma mission, je revêtis mon costume de cavalier, qui pour moi était un porte-respect où je passais, et ensuite plus commode pour franchir, à cheval, la longue distance de 45 kilomètres qui me séparait du lieu de destination marqué sur mon itinéraire.

Je partis enfin pour Scierk, dernier village de la frontière, afin de prendre tous les renseignements qui devaient m'être fournis par les autorités, soit par écrit ou verbalement. Grâce à l'excellente bête que je montais, je pus dans cette même journée, franchir les 90 kilomètres, c'est-à-dire aller et revenir de Scierk. (Ci-joint l'attestation de ce fait par le certificat de M. Bernard, commissaire de police.)

Enfin, j'arrive donc munie de bonnes nouvelles, que je m'empressai de faire parvenir au maréchal Bazaine. A ce moment, la question la plus importante était de savoir au juste à quelle distance et dans quelle direction se trouvait l'ennemi, afin de prendre les mesures nécessaires pour paralyser sa marche; favorisé que l'on était à cette époque, rien n'était à redouter de la part de l'ennemi, puisqu'il n'était pas encore dans le village de Scierk, et que je pus, dans cette journée, franchir la grande route sans avoir à parlementer avec aucun ennemi.

Il était donc très facile d'occuper militairement la grande route, afin de protéger nos deux principales villes, Metz et Thionville. Loin de tenir compte des renseignements que j'avais recueillis avec tant de prudence et de peine, l'*Homme Capitulard* préféra rester oisif pendant douze jours, facilitant par son inaction l'arrivée des soldats de Guillaume, qui venaient d'investir la ville sans coup férir.

Ce misérable chef resta insensible aux pressantes sollicitations des braves et courageux soldats qui ne demandaient qu'à se mesurer avec les Prussiens, que nos aïeux avaient si vaillamment chassés du territoire français pendant les guerres du premier Empire.

Tous les cœurs étaient pleins d'ardeur et d'enthousiasme, le cri de victoire était dans toutes les bouches, la confiance au général en chef était sans borne, les troupes, fraîches et aguerries, attendaient anxieusement l'ordre de marcher en avant à la rencontre d'un ennemi qu'elles comptaient vaincre et refouler sur le Rhin.

Enfin, le 22 août, on fait de nouveau appel à mon dévouement; un officier supérieur se présente chez moi et me prie d'accepter la mission délicate et dangereuse de faire parvenir à destination trois dépêches importantes adressées au commandant de place de Thionville : l'une était destinée à Napoléon III, la seconde au ministre de la guerre, et la troisième au maréchal de Mac-Mahon; le tout, sur une unique feuille d'un papier fort mince, étant par ce moyen plus facile à dissimuler; puis ensuite, il me remit un paquet de lettres privées, que les habitants de la ville (civils et militaires) expédiaient dans toutes les directions, afin de rassurer leurs parents et amis sur leur sort.

Munie de mon précieux dépôt, je fis atteler ma jument à ma voiture et je pris mes dispositions pour mettre en sûreté mes papiers. Bien m'en a pris, arrivée au village d'Olgy, 9 kilomètres de Metz, je suis surprise, traquée et enfin arrêtée par l'ennemi. Je suis fouillée, interrogée et gardée à vue pendant quatre heures dans un poste allemand.

On vint de nouveau m'interroger et je réponds avec sang-froid et fermeté, je parviens enfin à détourner les soupçons qu'ils avaient conçus de prime-abord. Je dois aussi faire remarquer qu'en cette circonstance, je portais le costume de mon sexe et que, comme femme, je pouvais plus facilement mettre en défaut leur faible perspicacité, attendu que mon travestissement n'était que pour voyager sur les routes ou même pour franchir mes longues courses à cheval, lorsque j'allais aux renseignements.

Ils décident donc de me mettre en liberté, en me faisant bien observer qu'ils m'interdisaient de repasser ; vite, profitant de leur erreur, je demandai un laisser-passer en prévision de rencontrer d'autres obstacles. Aussitôt le général allemand me le délivre, loin de se douter que lui-même protégeait un émissaire français et signait peut-être l'arrêt de mort de ses hommes.

Aussitôt délivrée d'un aussi grand danger, je ne pus contenir ma joie à la pensée que je venais d'échapper à une mort certaine s'ils eussent découvert mes ruses pour dissimuler mes dépêches, je ne devais mon salut qu'à mon sang-froid et non à leur générosité.

Tout ce contre-temps me causa du retard, et ce ne fut qu'à huit heures et demie du soir que je pus arriver à Thionville. Les portes de la ville étaient fermées, et ce n'est qu'à la suite d'un long entretien avec l'officier de service que le portier-consigne sur l'ordre de son supérieur, vint baisser les ponts-levis et me livrer passage.

Il était donc neuf heures lorsque je me rendis chez le Commandant de la place, qui m'a-t-on dit était déjà couché et ce n'est que d'après de vives sollicitations de ma part, qu'il consentit à m'accorder une audience. Je lui remis mes dépêches et je lui communiquai tous les incidents de ma route et, comme preuve à l'appui, je lui fis voir mon laisser-passer allemand ; tout en lui faisant bien remarquer que toutes nos routes étaient occupées par l'ennemi, afin qu'il avise en conséquence, ou qu'il envoie ses éclaireurs pour reconnaître celles qui étaient les plus accessibles et tirer enfin parti des renseignements authentiques que je lui transmettais dans l'intérêt des troupes et du pays ; ensuite je lui demandai de bien vouloir m'accorder la même confiance dont on m'avait honorée à Metz ; attendu que j'avais fait mes preuves et que le succès de mes entreprises était un titre suffisant pour plaider en ma faveur. Pour toute réponse il m'engagea à me procurer une chambre et à me reposer, que s'il y avait du nouveau, le lendemain, il me ferait demander.

Mais hélas ! Les jours et les semaines s'écoulaient et malgré mes offres réitérées pour reprendre des dépêches pour Metz, je n'obtins du Commandant en chef que refus ou réponses évasives, en dépit de l'obstination que je remarquais, je pris la résolution d'agir selon ma propre inspiration et malgré toute la mauvaise volonté du Commandant je résolus de me rendre utile à notre mère-patrie.

Après cinq semaines d'un séjour forcé à Thionville, vers la fin de septembre je partis à cheval en promeneur désœuvré ; tout en feignant de lire un journal, sur la route de Thionville à Luxembourg. Je parvins à m'approcher assez près pour distinguer les travaux qu'exécutaient les Prussiens sur la Moselle. Ils achevaient un pont de bateaux pour faciliter le passage d'un corps d'armée, qui campait au delà du fleuve. Sans plus tarder j'éperonne ma monture et je m'empresse d'en avertir les habitants de Thionville, les gardes-nationaux et francs-tireurs qui se sont trouvé sur mon passage, comptant bien, par cette manœuvre, secouer l'apathie du Commandant en excitant ces braves et patriotiques habitants à demander à marcher au-devant des envahisseurs. Dieu soit loué, mon stratagème allait enfin être couronné de succès ; le bruit s'est répandu dans la bonne petite ville comme par enchantement, ces dignes et courageux citoyens se groupent et se rangent sous le drapeau national à ce cri suprême : Aux armes, la patrie est en danger! Aussitôt cette masse humaine se précipite vers le pont de bateaux, et après une lutte vigoureuse et soutenue, ils parviennent à refouler l'ennemi et détruisent leurs travaux, et grâce à ces glorieuses phalanges on put recevoir le soir même, à minuit, 150 wagons de de vivres expédiés de Longwy à destination de Metz, destinés au ravitaillement de l'armée.

Cependant si l'on avait méconnu mes indications c'en était fait des provisions de secours, qui sûrement auraient été le butin de l'ennemi. Aussi à la suite de cette journée victorieuse la médaille militaire m'avait été promise, sans doute que la démission du Commandant, au moment du procès Bazaine, a été une cause de l'oubli en ma faveur.

Enfin, depuis quelques jours, la canonnade se faisait entendre, l'espoir faisait battre tous les cœurs, on s'attendait à voir une partie de notre brillante armée se joindre à nous, pour vaincre un ennemi, qui, certainement, n'était pas invincible.

Le maréchal Bazaine avait été avisé des vivres renfermés dans notre ville, et d'un jour à l'autre, on attendait des troupes de Metz, qui devaient sous bonne escorte prendre possession des fourgons tout prêts à suivre leur destination.

C'était en vain, le souffle de la trahison était venu fondre sur notre mère-patrie.

Cette fameuse sortie qui devait rétablir le prestige de nos armes et foudroyer l'ennemi, qui était demandée avec tant d'instance par nos valeureux soldats, cette sortie est demeurée à venir.

Le traître avait décidé, dans sa lâche trahison, de perdre la France, en signant une honteuse capitulation qui n'a de précédent dans aucune nation, si cependant pour se disculper, il prétend, qu'il était, faute de vivres, dans l'impossibilité de résister à des forces supérieures aux siennes; c'est alors que nous lui répondrons : « Quand on a de la poudre, on doit toujours avoir du pain ! »

Que n'imitait-il les Gaulois, nos aïeux, quand le pain leur manquait, au lieu de se rendre dans les rangs ennemis ils se ruaient pour en prendre, par conséquent, eut-il été vaincu, il n'en aurait été que plus estimé car on honore toujours le courage malheureux.

Depuis ces événements j'ai été souvent questionnée pour divulguer mes moyens d'action, pour soustraire mes dépêches et mes lettres à l'ennemi, même étant leur prisonnière.

Je tais avec raison mes genres de ruses, qui ne pourraient être que profitables à l'ennemi.

Si, dans un avenir plus ou moins reculé, la

revanche se déclarait, c'est le seul motif qui m'oblige à garder mes précieux secrets. Malheureusement le procès Bazaine n'en a que trop divulgué à l'avantage de l'ennemi pour l'avenir.

Enfin après de si cruelles épreuves, devrons-nous rester insouciants pour l'avenir ? Non, car l'heure de la régénération a sonné. Actuellement la France possède de nombreux citoyens honnêtes et loyaux, qui font tous leurs efforts pour rendre à notre infortuné pays ces jours de paix et de bonheur ; et pour nous fortifier dans cette voie, unissons-nous tous sans distinction de sexe, de partis ou de couleurs. Tous nos efforts doivent tendre à une paix durable, tant à l'intérieur qu'à l'étranger, et jusqu'au jour où avec l'aide de Dieu nous rentrerons en possession de nos chères et regrettées provinces d'Alsace et de Lorraine qui attendent avec confiance l'heure de la délivrance.

En attendant cet heureux jour ne cessons jamais de crier tous en chœur et toujours :

*Vive la France !*

### NAY (Louise), V⁰ IMBERT.

née au Mans (Sarthe),
le 1ᵉʳ mars 1844.

COPIE

DES ORIGINAUX

*Certificat du général Lewal.*

Je certifie que Madame veuve Imbert a été chargée par moi, durant le blocus de Metz, de porter une dépêche du commandant en chef à Thionville, en traversant les lignes prussiennes. Madame veuve Imbert a accompli cette mission sans vouloir accepter aucune rétribution.

*Le général, chef d'état-major
du 15ᵉ corps,*

Signé : LEWAL.

*Certificat du capitaine Charret.*

---

Madame Imbert, je puis constater de votre dévouement et des pertes réelles que vous avez éprouvées. Je ne puis qu'affirmer que vous avez quitté tous vos intérêts en abandonnant votre établissement, où vous ne pouviez réaliser que des bénéfices, et que votre absence vous a fait perdre tout ce que vous possédiez.

*Le Capitaine du train des équipages,*
Signé : CHARRET,
Ex-adjoint des émissaires à Metz (1870.)

Pour copie certifiée conforme,
5 avril 1879.

*Le Maire de Rochecorbon,*
Baron PAUL DE BOURGOING,
Adjoint.

J'ai perdu un bien matériel (brûlé) 35,000 fr., et de plus j'ai déboursé 5,000 fr. pour mes frais d'excursions durant cette néfaste guerre de 1870.

---

*Certificat de M. Bernard, commissaire de police.*

---

Moi, commissaire de police soussigné, certifie que le 10 août 1870, Madame veuve Imbert, habillée en homme, venant de Metz, envoyée par le maréchal Bazaine, s'est présentée à notre bureau à Scierk, ainsi que chez M. le Maire, pour avoir des renseignements sur les positions des troupes prussiennes. Après lui avoir donné les renseignements demandés, cette femme est repartie aussitôt pour Metz.

*Le Commissaire de police,*
Signé : BERNARD.

*Certificat de M. Pointin, commis principal
des contributions indirectes.*

Je soussigné, Pointin, Célestin, commis principal des Contributions indirectes à la résidence d'Acheux (Somme), certifie que Madame veuve Imbert, venant de Thionville, après avoir traversé tous les postes allemands, est arrivée à Ars-s.-Moselle, le 1er octobre 1870, désirant rentrer à Metz. Après plusieurs tentatives pour franchir le dernier poste allemand, Madame veuve Imbert, n'ayant pu y parvenir, s'est trouvée dans la nécessité de revenir à Ars, où elle est restée chez moi jusqu'à l'époque de la capitulation de Metz.

Signé : POINTIN.
Signature légalisée par le maire d'Acheux.

Pour copie certifiée conforme,
5 avril 1879.

*Le Maire de Rochecorbon,*
Baron Paul de BOURGOING,
Adjoint.

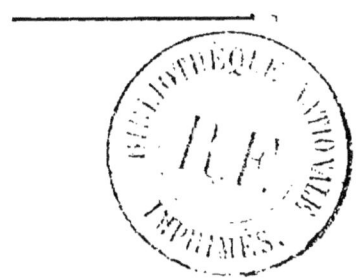

2688. — Tours, Imprimerie Rouillé-Ladevèze.

www.ingramcontent.com/pod-product-compliance
Lightning Source LLC
Chambersburg PA
CBHW061011050426
42453CB00009B/1378